손으로 쓰면서 마음에 새기는 인생 교과서

三字經

삼자경
따라쓰기

왕응린 원저
시사정보연구원 편저

시사패스
SISAPASS.COM

손으로 쓰면서 마음에 새기는 인생 교과서
三字經 삼자경 따라쓰기

초판 발행   2022년 2월 15일

편저자   시사정보연구원
발행인   권윤삼
발행처   도서출판 산수야

등록번호   제1-1515호
주소   서울시 마포구 월드컵로 165-4
우편번호   03962
전화   02-332-9655
팩스   02-335-0674

ISBN 978-89-8097-555-6   13140

동아시아 고전교육의 출발점이자 세 글자로 된 인생 교과서
『삼자경』

人之初 性本善 性相近 習相遠

사람이 타고난 성품은 본래 착하다.

성품은 서로 비슷하나 습관에 의해 멀어진다.

삼자경(三字經)은 옛 중국에서 어린이에게 한자를 가르치는 데 사용하던 교재로 '세 글자로 된 책'이라는 제목처럼 모든 구절이 세 글자로 되어 있다. 송대 말에서 원대 초, 송나라 학자 왕응린(王應麟, 1223~1296)이 저술한 것으로 알려져 있지만 집성된 시기가 북송, 남송, 송말, 원초 등 다양할 뿐만 아니라 저자 역시 송(宋)나라의 왕응린(王應麟), 송말의 구적자, 원말명초의 여정 등 학자들마다 견해가 다르다.

삼자경은 문자(文字)를 가르치는 데 사용한 대표적인 교과서로 읽기 쉽

게 한 구를 3자로 하여 인간의 도리나 역사·학문 등 일상생활에서 알아야 할 것을 유교적 입장에서 풀이하고 있다. 한자 교육이 소홀해진 요즘, 현대인에게 인생과 삶의 자세에 깨달음을 가져다주는 짧은 글로 사랑받는 고전이다.

학자들의 수정과 추가가 반복되어 천년 가까이 전해져 온 삼자경은 여러 판본이 존재한다. 체제는 세 글자를 1구(句)로 하여 384구 1152자로 이루어져 있으나 판본에 따라 354구 1062자, 532구 1596자 등으로 일치하지는 않으며, 의미 단위는 대부분 4구로 단락을 짓지만 변형도 있다.

'3자 1구' 라는 짧은 문장 형식을 하고 있는 삼자경은 한문에 대한 이해력을 키우고 인간의 도리를 배우기에 손색이 없다. 시사정보연구원과 시사패스는 일상적인 어휘를 사용하고 있어 한자 학습하기에 좋은 『삼자경 따라쓰기』를 출간하여 독자 여러분들의 한자 공부와 한문 공부를 돕고자 한다.

손은 우리의 뇌와 밀접하게 연결되어 있다. 손으로 글씨를 쓰면 뇌를 자극하여 뇌 발달과 뇌 건강에 도움을 준다는 연구결과가 증명하듯 손글씨는 어린이와 어른을 아울러 주목받고 있는 분야이기도 하다. 글씨는 자신을 드러내는 거울이며 향기라고 성현들이 말했듯이 삼자경을 따라 쓰며 자신만의 한글 한자 필체를 갖도록 노력하는 것도 의미 있는 공부가 될 것이다.

『삼자경 따라쓰기』는 배움의 필요성과 도덕과 윤리, 한문 고전의 간단한 해설, 중국의 역사·민속·지리, 자연과 우주에 대한 지식 등 다양한 주제를 담고 있다. 이 책을 활용하여 동아시아 천년의 지혜를 만나 보자.

勤有功 戲無益 戒之哉 宜勉力
근 유 공   희 무 익   계 지 재   의 면 력

부지런히 공부하면 공을 이루고 놀면 유익함이 없으니
이를 경계하여 마땅히 힘써 노력하라.

★ 한자의 형성 원리

1. 상형문자(象形文字) : 사물의 모양과 형태를 본뜬 글자

☼ → ⊙ → 日 → 日	날 일(해의 모양)
→ 月 → 月 → 月	달 월(달의 모양)
→ → → 子	아들 자(아들의 모양)
👁 → → 日 → 目	눈 목(눈의 모양)

2. 지사문자(指事文字) : 사물의 모양으로 나타낼 수 없는 뜻을 점이나 선 또는
부호로 나타낸 글자

∴ → ⊥ → 上 → 上	위 상(위를 뜻함)
→ → → 中	가운데 중(가운데를 뜻함)
→ T → → 下	아래 하(아래를 뜻함)
→ → → 本	근본 본(뿌리를 뜻함)

3. **회의문자**(會意文字) : 이미 만들어진 글자를 2개 이상 합한 글자

　　人(사람 인) + 言(말씀 언) = 信(믿을 신) : 사람의 말은 믿는다.

　　田(밭 전) + 力(힘 력) = 男(사내 남) : 밭에서 힘써 일하는 사람.

　　日(날 일) + 月(달 월) = 明(밝을 명) : 해와 달이 밝다.

　　人(사람 인) + 木(나무 목) = 休(쉴 휴) : 사람이 나무 아래서 쉬다.

4. **형성문자**(形聲文字) : 뜻을 나타내는 부분과 음을 나타내는 부분을 합한 글자

　　口(큰입 구) + 未(아닐 미) = 味(맛볼 미)　　左意右音 좌의우음

　　工(장인 공) + 力(힘 력) = 功(공 공)　　右意左音 우의좌음

　　田(밭 전) + 介(끼일 개) = 界(지경 계)　　上意下音 상의하음

　　相(서로 상) + 心(마음 심) = 想(생각 상)　　下意上音 하의상음

　　口(큰입 구) + 古(옛 고) = 固(굳을 고)　　外意內音 외의내음

　　門(문 문) + 口(입 구) = 問(물을 문)　　內意外音 내의외음

5. **전주문자**(轉注文字) : 있는 글자에 그 소리와 뜻을 다르게 굴리고(轉)

　　　　　　　　　　　　끌어내어(注) 만든 글자

　　樂(풍류 악) → (즐길 락 · 좋아할 요)　　예) 音樂(음악), 娛樂(오락)

　　惡(악할 악) → (미워할 오)　　　　　　예) 善惡(선악), 憎惡(증오)

　　長(긴 장) → (어른 · 우두머리 장)　　　예) 長短(장단), 課長(과장)

6. **가차문자**(假借文字) : 본 뜻과 관계없이 음만 빌어 쓰는 글자를 말하며 한자의 조사,

　　　　　　　　　　　　동물의 울음소리, 외래어를 한자로 표기할 때 쓰인다.

　　東天紅(동천홍) → 닭의 울음소리

　　然(그럴 연) → 그러나(한자의 조사)

　　亞米利加(아미리가) → America(아메리카)

　　可口可樂(가구가락) → Cocacola(코카콜라)

　　弗(불) → $(달러, 글자 모양이 유사함)

　　伊太利(이태리) → Italy(이탈리아)

　　亞細亞(아세아) → Asia(아세아)

★ 한자 쓰기의 기본 원칙

1. 위에서 아래로 쓴다.
   言(말씀 언)→ ` ᅳ ᅳ 言 言 言 言
   雲(구름 운)→ ᅳ ᅮ ᅮ 雨 雨 雨 雲 雲 雲 雲

2. 왼쪽에서 오른쪽으로 쓴다.
   江(강 강)→ ` ` ` ` 氵 江 江
   例(법식 예)→ ノ 亻 亻 伢 伢 侈 例 例

3. 가로획과 세로획이 겹칠 때는 가로획을 먼저 쓴다.
   用(쓸 용)→ ノ 冂 月 月 用
   共(함께 공)→ ᅳ ᅪ 卝 共 共 共

4. 삐침과 파임이 만날 때는 삐침을 먼저 쓴다.
   人(사람 인)→ ノ 人
   文(글월 문)→ ` ᅳ ナ 文

5. 좌우가 대칭될 때에는 가운데를 먼저 쓴다.
   小(작을 소)→ ㅣ 小 小
   承(받들 승)→ フ 了 了 手 承 承 承

6. 둘러 싼 모양으로 된 자는 바깥쪽을 먼저 쓴다.
   同(같을 동)→ ㅣ 冂 冂 冋 同 同
   病(병날 병)→ ` ᅳ 广 广 疒 疒 疒 病 病 病

7. 글자를 가로지르는 가로획은 나중에 긋는다.
   女(여자 녀)→ 〈 女 女
   母(어미 모)→ 〈 马 马 母 母

8. 글자 전체를 꿰뚫는 세로획은 나중에 쓴다.
   車(수레 거)→ ᅳ ᅳ 戸 戸 百 車 車
   事(일 사)→ ᅳ ᅳ 戸 戸 므 写 写 事

9. 책받침(辶, 廴)은 나중에 쓴다

　近(원근 근) → 一 丆 斤 斤 斤 近 近 近

　建(세울 건) → 一 コ ヨ ヨ 글 聿 聿 律 建

10. 오른쪽 위에 점이 있는 글자는 그 점을 나중에 찍는다.

　犬(개 견) → 一 ナ 大 犬

　成(이룰 성) → 丿 厂 厂 厅 成 成 成

■ 한자의 기본 점(點)과 획(劃)

　(1) 점

　　① 「丶」 : 왼점　　　　　　② 「丶」 : 오른점

　　③ 「丷」 : 오른 치킴　　　④ 「丿」 : 오른점 삐침

　(2) 직선

　　⑤ 「一」 : 가로긋기　　　⑥ 「丨」 : 내리긋기

　　⑦ 「→」 : 평갈고리　　　⑧ 「亅」 : 왼 갈고리

　　⑨ 「丷」 : 오른 갈고리

　(3) 곡선

　　⑩ 「丿」 : 삐침　　　　　⑪ 「✓」 : 치킴

　　⑫ 「丶」 : 파임　　　　　⑬ 「辶」 : 받침

　　⑭ 「亅」 : 굽은 갈고리　⑮ 「乀」 : 지게다리

　　⑯ 「乀」 : 누운 지게다리　⑰ 「乚」 : 새가슴

少① ②	火③ ④	主⑤	伸⑥	揮⑦ ⑧	表⑨
冷⑩ ⑪ ⑫	送⑬	乎⑭	式⑮	忠⑯	兄⑰

9

人之初 性本善
인 지 초 성 본 선

性相近 習相遠
성 산 근 습 상 원

사람이 타고난 성품은 본래 착하다.
성품은 서로 비슷하나 습관에 의해 멀어진다.

人	之	初	性	本	善	性	相	近	習	相	遠
사람 인	갈 지	처음 초	성품 성	밑 본	착할 선	성품 성	서로 상	가까울 근	익힐 습	서로 상	멀 원

삼자경 따라쓰기

苟不敎 性乃遷
구 불 교 성 내 천

敎之道 貴以專
교 지 도 귀 이 전

진실로 가르치지 않으면 성품은 곧 옮겨진다.
가르치는 도는 공부에 전념하게 하는 것이 중요하다.

苟	不	敎	性	乃	遷	敎	之	道	貴	以	專
진실로 구	아닐 불	가르칠 교	성품 성	이에 내	옮길 천	가르칠 교	갈 지	길 도	귀할 귀	써 이	오로지 전

삼자경 따라쓰기

11

昔孟母 擇鄰處
석 맹 모 택 린 처
子不學 斷機杼
자 불 학 단 기 저

옛날에 맹자의 어머니는 이웃을 가려 살았다.
아들이 배우려 하지 않으니 베틀의 북을 끊어버렸다.

昔	孟	母	擇	鄰	處	子	不	學	斷	機	杼
옛 석	맏 맹	어미 모	가릴 택	이웃 린	곳 처	아들 자	아닐 불	배울 학	끊을 단	베틀 기	북 저

삼자경 따라쓰기

竇燕山 有義方
두 연 산 유 의 방

教五子 名俱揚
교 오 자 명 구 양

두연산은 올바른 방법으로 다섯 아들을 가르치니
모두 세상에 이름을 떨쳤다.

竇	燕	山	有	義	方	教	五	子	名	俱	揚
구멍 두	제비 연	메 산	있을 유	옳을 의	모 방	가르칠 교	다섯 오	아들 자	이름 명	함께 구	날릴 양

삼자경 따라쓰기

13

養不教 父之過
양 불 교 부 지 과
教不嚴 師之惰
교 불 엄 사 지 타

(자식을) 기르되 가르치지 않으면 아버지의 허물이고
가르치되 엄하지 않음은 스승의 태만이다.

養	不	教	父	之	過	教	不	嚴	師	之	惰
기를 양	아닐 불	가르칠 교	아비 부	갈 지	허물 과	가르칠 교	아닐 불	엄할 엄	스승 사	갈 지	게으를 타

삼자경 따라쓰기

子不學 非所宜
자 불 학 비 소 의
幼不學 老何爲
유 불 학 노 하 위

자식이 배우려 하지 않는 것은 해야 할 일을 하지 않는 것이다.
어렸을 때 배우지 않으면 늙어서 어떻게 하려는가.

子	不	學	非	所	宜	幼	不	學	老	何	爲
아들 자	아닐 불	배울 학	아닐 비	바 소	마땅할 의	어릴 유	아닐 불	배울 학	늙을 로	어찌 하	할 위

삼자경 따라쓰기

玉不琢 不成器
옥 불 탁　불 성 기

人不學 不知義
인 불 학　부 지 의

옥은 쪼아 다듬지 않으면 그릇이 될 수 없고
사람은 배우지 않으면 의(도리)를 알지 못한다.

玉	不	琢	不	成	器	人	不	學	不	知	義
구슬 옥	아닐 불	쫄 탁	아닐 불	이룰 성	그릇 기	사람 인	아닐 불	배울 학	아닐 부	알 지	옳을 의

삼자경 따라쓰기

爲人子 方少時
위 인 자　방 소 시
親師友 習禮儀
친 사 우　습 예 의

사람의 아들이 되어서 젊었을 때는 스승과 친구를 가까이하며
예의를 익혀야 한다.

爲	人	子	方	少	時	親	師	友	習	禮	儀
할 위	사람 인	아들 자	모 방	적을 소	때 시	친할 친	스승 사	벗 우	익힐 습	예절 예	모양 의

삼자경 따라쓰기

香九齡 能溫席
향 구 령 능 온 석

孝於親 所當執
효 어 친 소 당 집

황향(黃香)은 아홉 살 때 이부자리를 덥혀 부모에게 효를 다하여
마땅히 행할 바를 알았다.

香	九	齡	能	溫	席	孝	於	親	所	當	執
향기 향	아홉 구	나이 령	능할 능	따뜻할 온	자리 석	효도 효	어조사 어	친할 친	바 소	마땅할 당	잡을 집

삼자경 따라쓰기

融四歲 能讓梨
융 사 세 능 양 리

弟於長 宜先知
제 어 장 의 선 지

공융(孔融)은 네 살 때 배를 사양할 줄 알아
아우로서 형 공경하기를 마땅히 먼저 알았다.

融	四	歲	能	讓	梨	弟	於	長	宜	先	知
화할 융	넉 사	해 세	능할 능	사양할 양	배나무 리	아우 제	어조사 어	긴 장	마땅할 의	먼저 선	알 지

삼자경 따라쓰기

首孝弟 次見聞
수 효 제　차 견 문
知某數 識某文
지 모 수　식 모 문

먼저 효도하고 공경한 다음에야
견문을 넓혀 수를 알고 글자를 깨우친다.

首	孝	弟	次	見	聞	知	某	數	識	某	文
머리 수	효도 효	아우 제	버금 차	볼 견	들을 문	알 지	아무 모	셈 수	알 식	아무 모	글월 문

삼자경 따라쓰기

20

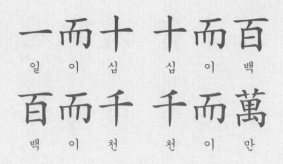

一而十 十而百
일 이 십 십 이 백
百而千 千而萬
백 이 천 천 이 만

하나에서 열이 되고, 열에서 백이 되며,
백에서 천이 되고, 천에서 만이 된다.

一	而	十	十	而	百	百	而	千	千	而	萬
한 일	말이을 이	열 십	열 십	말이을 이	일백 백	일백 백	말이을 이	일천 천	일천 천	말이을 이	일만 만

삼자경 따라쓰기

21

三才者 天地人
삼 재 자 천 지 인

三光者 日月星
삼 광 자 일 월 성

삼재(三才)는 하늘, 땅, 사람이며,
삼광(三光)은 해와 달과 별이다.

三	才	者	天	地	人	三	光	者	日	月	星
석 삼	재주 재	놈 자	하늘 천	땅 지	사람 인	석 삼	빛 광	놈 자	날 일	달 월	별 성

삼자경 따라쓰기

三綱者 君臣義
삼 강 자 군 신 의
父子親 夫婦順
부 자 친 부 부 순

삼강이란 임금과 신하는 의(옳음)가 있고,
부모와 자식은 친(가까움)이 있고, 남편과 아내는 순(따름)이 있다.

三	綱	者	君	臣	義	父	子	親	夫	婦	順
석 삼	벼리 강	놈 자	임금 군	신하 신	옳을 의	아비 부	아들 자	친할 친	지아비 부	아내 부	순할 순

삼자경 따라쓰기

日春夏 曰秋冬
왈 춘 하 왈 추 동

此四時 運不窮
차 사 시 운 불 궁

봄, 여름, 가을, 겨울이라고 하는
사시(四時: 사계절)는 끝없이 운행된다.

日	春	夏	曰	秋	冬	此	四	時	運	不	窮
가로 왈	봄 춘	여름 하	가로 왈	가을 추	겨울 동	이를 차	넉 사	때 시	운전할 운	아니 불	다할 궁

삼자경 따라쓰기

24

日南北 日西東
왈 남 북   왈 서 동

此四方 應乎中
차 사 방   응 호 중

남, 북, 동, 서라고 하는 네 방위는 중앙에 대응한다.

日	南	北	日	西	東	此	四	方	應	乎	中
가로 왈	남녘 남	북녘 북	가로 왈	서녘 서	동녘 동	이를 차	넉 사	모 방	응할 응	어조사 호	가운데 중

삼자경 따라쓰기

日水火 木金土
왈 수 화 목 금 토
此五行 本乎數
차 오 행 본 호 수

수, 화, 목, 금, 토라고 하는 오행은
숫자에 근본을 둔다.

日	水	火	木	金	土	此	五	行	本	乎	數
가로 왈	물 수	불 화	나무 목	쇠 금	흙 토	이를 차	다섯 오	다닐 행	근본 본	어조사 호	셈 수

삼자경 따라쓰기

日仁義 禮智信
왈 인 의 예 지 신

此五常 不容紊
차 오 상 불 용 문

인(仁), 의(義), 예(禮), 지(智), 신(信)이라고 하는 오상은
어지럽혀지는 것을 용납하지 않는다.

日	仁	義	禮	智	信	此	五	常	不	容	紊
가로 왈	어질 인	옳을 의	예절 예	지혜 지	믿을 신	이를 차	다섯 오	항상 상	아닐 불	얼굴 용	얽힐 문

삼자경 따라쓰기

稻粱菽 麥黍稷
도 량 숙 맥 서 직

此六穀 人所食
차 육 곡 인 소 식

쌀, 조, 콩, 보리, 찰기장, 메기장이라고 하는
여섯 가지 곡식은 사람이 먹는 것이다.

稻	粱	菽	麥	黍	稷	此	六	穀	人	所	食
벼 도	기장 량	콩 숙	보리 맥	기장 서	기장 직	이를 차	여섯 륙	곡식 곡	사람 인	바 소	먹을 식

삼자경 따라쓰기

28

馬牛羊 雞犬豕
마 우 양 계 견 시

此六畜 人所飼
차 육 축 인 소 사

말, 소, 양, 닭, 개, 돼지라고 하는 여섯 가지 가축은
사람이 사육하는 것이다.

馬	牛	羊	雞	犬	豕	此	六	畜	人	所	飼
말 마	소 우	양 양	닭 계	개 견	돼지 시	이를 차	여섯 륙	가축 축	사람 인	바 소	먹일 사

삼자경 따라쓰기

日喜怒 日哀懼
왈 희 노 왈 애 구
愛惡欲 七情具
애 오 욕 칠 정 구

희, 노, 애, 구, 애, 오, 욕이라고 하는 칠정(七情)은
누구에게나 다 있는 것이다.

日	喜	怒	日	哀	懼	愛	惡	欲	七	情	具
가로 왈	기쁠 희	성낼 노	가로 왈	슬플 애	두려워할 구	사랑 애	미워할 오	욕심 욕	일곱 칠	뜻 정	갖출 구

삼자경 따라쓰기

30

匏土革 木石金
포 토 혁 목 석 금

絲與竹 乃八音
사 여 죽 내 팔 음

박, 흙, 가죽, 나무, 돌, 쇠, 실, 대나무는 곧 팔음*이다.

*박으로 만든 악기, 흙으로 만든 악기, 가죽으로 만든 악기, 나무로 만든 악기, 돌로 만든 악기, 쇠로 만든 악기, 그리고 실로 만든 악기, 대나무로 만든 악기의
 소리를 여덟 가지 소리 즉 '팔음(八音)' 이라고 한다.

匏	土	革	木	石	金	絲	與	竹	乃	八	音
박 포	흙 토	가죽 혁	나무 목	돌 석	쇠 금	실 사	줄 여	대 죽	이에 내	여덟 팔	소리 음

삼자경 따라쓰기

31

高曾祖 父而身
고 증 조 부 이 신

身而子 子而孫
신 이 자 자 이 손

고조부, 증조부, 조부에 이어 부친이 나를 낳았고
내가 아들을 낳고 아들이 손자를 낳는다.

高	曾	祖	父	而	身	身	而	子	子	而	孫
높을 고	거듭 증	조상 조	아비 부	말이을 이	몸 신	몸 신	말이을 이	아들 자	아들 자	말이을 이	손자 손

삼자경 따라쓰기

自子孫 至玄曾
자 자 손 지 현 증

乃九族 人之倫
내 구 족 인 지 류

아들, 손자에서 증손, 현손에 이르기까지가
구족으로서 이는 천륜이 이어지는 순서이다.

自	子	孫	至	玄	曾	乃	九	族	人	之	倫
스스로 자	아들 자	손자 손	이를 지	검을 현	거듭 증	이에 내	아홉 구	겨레 족	사람 인	갈 지	인륜 륜

삼자경 따라쓰기

父子恩 夫婦從
부 자 은 부 부 종
兄則友 弟則恭
형 즉 우 제 즉 공

부모와 자식 간에 은혜롭고 남편과 아내 간에 순종하며
형은 우애하고 아우는 공경해야 한다.

父	子	恩	夫	婦	從	兄	則	友	弟	則	恭
아버지 부	아들 자	은혜 은	지아비 부	아내 부	좇을 종	형 형	곧 즉	벗 우	아우 제	곧 즉	공손할 공

삼자경 따라쓰기

長幼序 友與朋
장 유 서 우 여 붕
君則敬 臣則忠
군 즉 경 신 즉 충

어른과 아이는 순서가 있으며 벗은 마음을 함께 하여야 하고
임금은 공경하고 신하는 충성해야 한다.

長	幼	序	友	與	朋	君	則	敬	臣	則	忠
길 장	어릴 유	차례 서	벗 우	줄 여	벗 붕	임금 군	곧 즉	공경할 경	신하 신	곧 즉	충성 충

삼자경 따라쓰기

35

此十義 人所同
차 십 의 　 인 소 동

當順敍 勿違背
당 순 서 　 물 위 배

이를 십의(十義)*라 하며 사람은
마땅히 따르고 지켜야 하고 위배해서는 안 된다.

* 십의(十義)는 예기(禮記) 예운편(禮運篇)에 나오는 말로, 인륜(人倫)의 열 가지 도리를 말한다.

此	十	義	人	所	同	當	順	敍	勿	違	背
이를 차	열 십	옳을 의	사람 인	바 소	한가지 동	마땅할 당	순할 순	차례 서	말 물	어길 위	등 배

삼자경 따라쓰기

凡訓蒙 須講究
범 훈 몽 　 수 강 구

詳訓詁 明句讀
상 훈 고 　 명 구 두

어린이를 가르칠 때는 모름지기 원리를 설명하고
연구하여 자세히 훈고(訓詁)*하고 구두(句讀)*를 밝힌다.

*훈고(訓詁)는 고문(古文)의 자구(字句)를 해석하는 일, 또는 경서(經書)의 고증(考證)·해석(解釋)·주해(註解)를 통틀어 이르는 말이다.
*구두(句讀)는 글을 쓸 때 문장 부호를 쓰는 방법을 정한 규칙이다.

凡	訓	蒙	須	講	究	詳	訓	詁	明	句	讀
무릇 범	가르칠 훈	어릴 몽	모름지기 수	익힐 강	연구할 구	자세할 상	가르칠 훈	주낼 고	밝을 명	글귀 구	구절 두

삼자경 따라쓰기

爲學者 必有初
위 학 자 필 유 초
小學終 至四書
소 학 종 지 사 서

배우려고 하는 이는 반드시 먼저 배워야 하는 것이 있으니
소학을 마치고 사서(四書)에 이른다.

爲	學	者	必	有	初	小	學	終	至	四	書
할 위	배울 학	놈 자	반드시 필	있을 유	처음 초	작을 소	배울 학	마칠 종	이를 지	넉 사	글 서

삼자경 따라쓰기

38

論語者 二十篇

논 어 자 이 십 편

群弟子 記善言

군 제 자 기 선 언

논어는 20편인데 여러 제자들이 훌륭한 말씀을 기록하였다.

論	語	者	二	十	篇	群	弟	子	記	善	言
논의할 논	말씀 어	놈 자	두 이	열 십	책 편	무리 군	아우 제	아들 자	기록할 기	착할 선	말씀 언

삼자경 따라쓰기

孟子者 七篇止
맹 자 자 칠 편 지

講道德 說仁義
강 도 덕 설 인 의

맹자는 7편인데 도덕을 강론하고 인의를 설명하였다.

孟	子	者	七	篇	止	講	道	德	說	仁	義
맏 맹	아들 자	놈 자	일곱 칠	책 편	그칠 지	외울 강	길 도	큰 덕	베풀 설	어질 인	옳을 의

삼자경 따라쓰기

作中庸 子思筆
작 중 용 자 사 필

中不偏 庸不易
중 불 편 용 불 역

중용은 자사가 집필한 것으로 중은 치우치지 않는 것이요,
용은 변함이 없는 것이다.

作	中	庸	子	思	筆	中	不	偏	庸	不	易
지을 작	가운데 중	쓸 용	아들 자	생각 사	붓 필	가운데 중	아닐 불	치우칠 편	쓸 용	아닐 불	바꿀 역

삼자경 따라쓰기

作大學 乃曾子
작 대 학   내 증 자

自修齊 至平治
자 수 제   지 평 치

대학은 증자가 지은 것으로
수신제가에서부터 치국평천하에 이른다.

作	大	學	乃	曾	子	自	修	齊	至	平	治
지을 작	큰 대	배울 학	이에 내	거듭 증	아들 자	스스로 자	닦을 수	엄숙할 제	이를 지	평평할 평	다스릴 치

삼자경 따라쓰기

孝經通 四書熟
효 경 통　　사 서 숙
如六經 始可讀
여 육 경　　시 가 독

효경에 통달하고 사서를 숙지하면
육경과 같은 책을 비로소 읽을 수 있다.

孝	經	通	四	書	熟	如	六	經	始	可	讀
효도 효	지날 경	통할 통	넉 사	글 서	익을 숙	같을 여	여섯 육	지날 경	비로소 시	옳을 가	읽을 독

삼자경 따라쓰기

詩書易 禮春秋
시 서 역 예 춘 추
號六經 當講求
호 육 경 당 강 구

시경, 서경, 역경, 예기, 춘추는 육경이라 이르니
마땅히 외우고 뜻을 구해야만 한다.

詩	書	易	禮	春	秋	號	六	經	當	講	求
시 시	글 서	바꿀 역	예절 예	봄 춘	가을 추	부르짖을 호	여섯 육	지날 경	마땅할 당	익힐 강	구할 구

삼자경 따라쓰기

有連山 有歸藏
유 연 산 유 귀 장
有周易 三易詳
유 주 역 삼 역 상

연산이 있고 귀장이 있으며
주역이 있어서 세 가지 역이 상세하다.

有	連	山	有	歸	藏	有	周	易	三	易	詳
있을 유	연결할 연	메 산	있을 유	돌아올 귀	감출 장	있을 유	두루 주	바꿀 역	석 삼	바꿀 역	자세할 상

삼자경 따라쓰기

有典謨 有訓誥
유 전 모 유 훈 고
有誓命 書之奧
유 서 명 서 지 오

전(典)과 모(謨)가 있고 훈(訓)과 고(誥)가 있으며
서(誓)와 명(命)이 있는데, 서경의 오의(奧義)*이다.

*오의는 매우 깊은 뜻을 말한다.

有	典	謨	有	訓	誥	有	誓	命	書	之	奧
있을 유	법 전	꾀 모	있을 유	가르칠 훈	고할 고	있을 유	맹세할 서	목숨 명	글 서	갈 지	아랫목 오

삼자경 따라쓰기

46

我周公 作周禮
아 주 공 작 주 례

著六官 存治體
저 육 관 존 치 체

주공(周公)은 주례(周禮)를 짓고 육관(六官)을 제정했으니 다스림의 체계가 세워졌다.

我	周	公	作	周	禮	著	六	官	存	治	體
나 아	두루 주	공변될 공	지을 작	두루 주	예절 례	나타날 저	여섯 육	벼슬 관	있을 존	다스릴 치	몸 체

삼자경 따라쓰기

大小戴 註禮記
대 소 대 주 예 기
述聖言 禮樂備
술 성 언 예 악 비

대대(대덕)과 소대(대성)가 예기를 주해했는데,
성인의 말씀을 기술하고 예악을 갖추었다.

大	小	戴	註	禮	記	述	聖	言	禮	樂	備
큰 대	작을 소	일 대	주낼 주	예절 예	기록할 기	지을 술	성스러울 성	말씀 언	예절 예	풍류 악	갖출 비

삼자경 따라쓰기

日國風 日雅頌
왈 국 풍 　 왈 아 송

號四詩 當諷詠
호 사 시 　 당 풍 영

국풍이라 하고 아송이라 하는 것을 사시라 부르는데
마땅히 읊으며 외워야 한다.

日	國	風	日	雅	頌	號	四	詩	當	諷	詠
가로 왈	나라 국	바람 풍	가로 왈	아담할 아	칭송할 송	부르짖을 호	넉 사	시 시	마땅할 당	욀 풍	읊을 영

삼자경 따라쓰기

49

詩旣亡 春秋作
시 기 망 춘 추 작
寓褒貶 別善惡
우 포 폄 별 선 악

시경이 기능을 잃자 춘추를 지어
가치판단을 부여하고 선악을 구별하였다.

詩	旣	亡	春	秋	作	寓	褒	貶	別	善	惡
시 시	이미 기	망할 망	봄 춘	가을 추	지을 작	살 우	기릴 포	떨어뜨릴 폄	다를 별	착할 선	악할 악

삼자경 따라쓰기

三傳者 有公羊
삼 전 자 유 공 양

有左氏 有穀梁
유 좌 씨 유 곡 량

삼전에는 공양전(公羊傳),
좌씨전(左氏傳), 곡량전(穀梁傳)이 있다.

三	傳	者	有	公	羊	有	左	氏	有	穀	梁
석 삼	전할 전	놈 자	있을 유	공변될 공	양 양	있을 유	왼 좌	성 씨	있을 유	곡식 곡	대들보 량

삼자경 따라쓰기

經旣明 方讀子
경 기 명 방 독 자
撮其要 記其事
촬 기 요 기 기 사

경에 이미 밝다면 바야흐로 제자서를 읽어
그 요점을 취하고 그 사적을 적어야 한다.

經	旣	明	方	讀	子	撮	其	要	記	其	事
지날 경	이미 기	밝을 명	모 방	읽을 독	아들 자	취할 촬	그 기	중요할 요	기록할 기	그 기	일 사

삼자경 따라쓰기

52

五子者 有荀揚
오 자 자 유 순 양
文中子 及老莊
문 중 자 급 노 장

오자는 순자, 양자, 문중자, 노자, 장자를 가리킨다.

五	子	者	有	荀	揚	文	中	子	及	老	莊
다섯 오	아들 자	놈 자	있을 유	죽순 순	날릴 양	글월 문	가운데 중	아들 자	미칠 급	노인 노	장중할 장

삼자경 따라쓰기

經子通 讀諸史
경 자 통 독 제 사

考世系 知終始
고 세 계 지 종 시

경서와 제자서에 통달하면 여러 역사서를 읽어
대대의 계통(系統)을 고증(考證)하여
(왕조의) 시작과 끝을 알아야 한다.

經	子	通	讀	諸	史	考	世	系	知	終	始
지날 경	아들 자	통할 통	읽을 독	모두 제	역사 사	상고할 고	대 세	이을 계	알 지	마칠 종	비로소 시

삼자경 따라쓰기

自義農 至黃帝
자 희 농 지 황 제

號三皇 居上世
호 삼 황 거 상 세

복희씨(伏羲氏)와 신농씨(神農氏)로부터 황제에 이르기까지를
삼황(三皇)이라 부르는데 상고시기에 살았다.

自	羲	農	至	黃	帝	號	三	皇	居	上	世
스스로 자	숨 희	농사 농	이를 지	누를 황	임금 제	부르짖을 호	석 삼	임금 황	살 거	위 상	대 세

삼자경 따라쓰기

唐有虞 號二帝
당 유 우 호 이 제

相揖遜 稱盛世
상 읍 손 칭 성 세

당요(요임금)와 우순(순임금)을 이제(二帝)라 부르는데
서로 왕위를 양보했으니 성세라 일컫는다.

唐	有	虞	號	二	帝	相	揖	遜	稱	盛	世
당나라 당	있을 유	근심할 우	부르짖을 호	두 이	임금 제	서로 상	읍 읍	겸손할 손	저울대 칭	성할 성	대 세

삼자경 따라쓰기

夏有禹 商有湯
하 유 우 상 유 탕

周文武 稱三王
주 문 무 칭 삼 왕

하나라의 우왕, 상나라의 탕왕,
주나라의 문왕·무왕을 삼왕이라 일컫는다.

夏	有	禹	商	有	湯	周	文	武	稱	三	王
여름 하	있을 유	하우씨 우	헤아릴 상	있을 유	끓일 탕	두루 주	글월 문	굳셀 무	저울대 칭	석 삼	왕 왕

삼자경 따라쓰기

57

夏傳子 家天下
하 전 자 가 천 하
四百載 遷夏社
사 백 재 천 하 사

하(夏)나라는 아들에게 전하여 천하를 자기 집으로 삼았고
사백 년을 거듭하다가 하나라의 사직이 옮겨졌다.

夏	傳	子	家	天	下	四	百	載	遷	夏	社
여름 하	전할 전	아들 자	집 가	하늘 천	아래 하	넉 사	일백 백	실을 재	옮길 천	여름 하	모일 사

삼자경 따라쓰기

湯伐夏 國號商
탕 벌 하　국 호 상

六百載 至紂亡
육 백 재　지 주 망

탕은 하나라를 정벌하고 국호를 상이라 하였고
육백 년이 지나 주왕에 이르러 멸망하였다.

湯	伐	夏	國	號	商	六	百	載	至	紂	亡
끓일 **탕**	칠 **벌**	여름 **하**	나라 **국**	부르짖을 **호**	헤아릴 **상**	여섯 **육**	일백 **백**	실을 **재**	이를 **지**	껑거리끈 **주**	망할 **망**

삼자경 따라쓰기

周武王 始誅紂
주 무 왕   시 주 주

八百載 最長久
팔 백 재   최 장 구

주나라의 무왕이 비로소 주왕을 베고 팔백 년을 이어갔으니
가장 길고 오래되었다.

周	武	王	始	誅	紂	八	百	載	最	長	久
두루 주	굳셀 무	임금 왕	비로소 시	벨 주	껑거리끈 주	여덟 팔	일백 백	실을 재	가장 최	길 장	오랠 구

삼자경 따라쓰기

周轍東 王綱墜
주 철 동 왕 강 추

逞干戈 尚遊說
령 간 과 상 유 세

주나라가 동쪽으로 천도하니 왕조의 기강이 떨어지고
전쟁이 끊이지 않았으며 유세가 성행하게 되었다.

周	轍	東	王	綱	墜	逞	干	戈	尚	遊	說
두루 주	바퀴자국 철	동녘 동	임금 왕	벼리 강	떨어질 추	쾌할 령	방패 간	창 과	오히려 상	놀 유	달랠 세

삼자경 따라쓰기

始春秋 終戰國
시 춘 추 종 전 국

五霸强 七雄出
오 패 강 칠 웅 출

춘추시대(春秋時代)로 시작해 전국시대(戰國時代)로 끝났는데
오패가 강했고 칠웅이 출현하였다.

始	春	秋	終	戰	國	五	霸	强	七	雄	出
비로소 시	봄 춘	가을 추	마칠 종	싸울 전	나라 국	다섯 오	으뜸 패	굳셀 강	입곱 칠	수컷 웅	날 출

삼자경 따라쓰기

嬴秦氏 始兼幷
영 진 씨 시 겸 병

傳二世 楚漢爭
전 이 세 초 한 쟁

진나라 영정이 비로소 중원을 통일하였으나 2대까지만 이어지고
초한 전쟁이 벌어졌다.

嬴	秦	氏	始	兼	幷	傳	二	世	楚	漢	爭
찰 영	벼 이름 진	성 씨	비로소 시	겸할 겸	아우를 병	전할 전	두 이	대 세	회초리 초	한수 한	다툴 쟁

삼자경 따라쓰기

高祖興 漢業建
고 조 흥 한 업 건
至孝平 王莽篡
지 효 평 왕 망 찬

고조가 일어나 한나라의 기초를 세웠으나
효평에 이르러 왕망에게 빼앗겼다.

高	祖	興	漢	業	建	至	孝	平	王	莽	篡
높을 고	조상 조	일어날 흥	한수 한	업 업	세울 건	세울 건	효도 효	평평할 평	임금 왕	우거질 망	빼앗을 찬

삼자경 따라쓰기

光武興 爲東漢
광 무 흥 위 동 한

四百年 終於獻
사 백 년 종 어 헌

광무제가 세력을 일으켰으니 동한(=후한)이라 하며
사백 년을 이어져 헌제에서 끝을 맺었다.

光	武	興	爲	東	漢	四	百	年	終	於	獻
빛 광	굳셀 무	일어날 흥	할 위	동녘 동	한수 한	녁 사	일백 백	해 년	마칠 종	어조사 어	바칠 헌

삼자경 따라쓰기

魏蜀吳 爭漢鼎
위 촉 오 쟁 한 정

號三國 迄兩晉
호 삼 국 흘 량 진

위나라·촉나라·오나라가 한나라의 정권을 계승하기 위해 다투었는데
이 시기를 삼국시대라 불렀고 양진(서진과 동진)에 이르렀다.

魏	蜀	吳	爭	漢	鼎	號	三	國	迄	兩	晉
나라 이름 위	나라 이름 촉	나라 이름 오	다툴 쟁	한수 한	솥 정	부르짖을 호	석 삼	나라 국	이를 흘	두 량	나아갈 진

삼자경 따라쓰기

宋齊繼 梁陳承
송 제 계 양 진 승

爲南朝 都金陵
위 남 조 도 금 릉

송나라와 제나라로 이어지고 양나라와 진나라가 이으니
이 시기를 남조라 하며 금릉에 도읍하였다.

宋	齊	繼	梁	陳	承	爲	南	朝	都	金	陵
송나라 송	엄숙할 제	이을 계	대들보 양	베풀 진	이을 승	할 위	남녘 남	아침 조	도읍 도	쇠 금	언덕 릉

삼자경 따라쓰기

北元魏 分東西
북 원 위 분 동 서

宇文周 與高齊
우 문 주 여 고 제

북조(北朝)의 원위는 동위(東魏)와 서위(西魏)로 나뉘니
우문씨(宇文氏)의 후주와 고씨의 북제가 그 뒤를 이었다.

北	元	魏	分	東	西	宇	文	周	與	高	齊
북녘 북	으뜸 원	나라 이름 위	나눌 분	동녘 동	서녘 서	집 우	글월 문	두루 주	줄 여	높을 고	엄숙할 제

삼자경 따라쓰기

68

迨至隋 一土宇
태 지 수 　 일 토 우

不再傳 失統緒
부 재 전 　 실 통 서

수나라에 이르러 한 지붕 아래 영토가 되었으나
더 이상 이어지지 못하고 통치의 정통성을 잃었다.

迨	至	隋	一	土	宇	不	再	傳	失	統	緒
미칠 태	이를 지	수나라 수	한 일	흙 토	집 우	아닐 부	두번 재	전할 전	잃을 실	거느릴 통	실마리 서

삼자경 따라쓰기

69

唐高祖 起義師
당 고 조 기 의 사

除隋亂 創國基
제 수 란 창 국 기

당나라의 고조가 의로운 군사를 일으켜 수나라의 혼란을 없애고
비로소 나라의 기틀을 마련하였다.

唐	高	祖	起	義	師	除	隋	亂	創	國	基
당나라 당	높을 고	조상 조	일어날 기	옳을 의	스승 사	덜 제	수나라 수	어지러울 란(난)	비로소 창	나라 국	터 기

삼자경 따라쓰기

二十傳 三百載
이 십 전 삼 백 재
梁滅之 國乃改
양 멸 지 국 내 개

스무 번을 전하고 삼백 년이 지나 양나라가 이를 멸하여
나라가 바뀌었다.

二	十	傳	三	百	載	梁	滅	之	國	乃	改
두 이	열 십	전할 전	석 삼	일백 백	실을 재	대들보 양	멸망할 멸	갈 지	나라 국	이에 내	고칠 개

삼자경 따라쓰기

71

梁唐晉 及漢周
양 당 진 급 한 주
稱五代 皆有由
칭 오 대 개 유 유

양나라, 당나라, 진나라, 한나라, 주나라를 오대라 일컫는데
(나라마다 흥망에는) 다 이유가 있다.

梁	唐	晉	及	漢	周	稱	五	代	皆	有	由
대들보 양	당나라 당	나아갈 진	미칠 급	한수 한	두루 주	저울대 칭	다섯 오	대신할 대	다 개	있을 유	말미암을 유

삼자경 따라쓰기

炎宋興 受周禪
염 송 흥 수 주 선

十八傳 南北混
십 팔 전 남 북 혼

염송이 일어나 주(周)의 선위를 받았고
십팔 대를 전하니 남북을 합한 것이다.

炎	宋	興	受	周	禪	十	八	傳	南	北	混
불꽃 염	송나라 송	일어날 흥	받을 수	두루 주	고요할 선	열 십	여덟 팔	전할 전	남녘 남	북녘 북	섞일 혼

삼자경 따라쓰기

遼與金　皆稱帝
요　여　금　개　칭　제
元滅金　絶宋世
원　멸　금　절　송　세

요나라와 금나라는 모두 황제라 칭하였고
원나라는 금나라를 멸하였으며 송나라의 대도 끊었다.

遼	與	金	皆	稱	帝	元	滅	金	絶	宋	世
멀 요	줄 여	쇠 금	다 개	저울대 칭	임금 제	으뜸 원	멸망할 멸	쇠 금	끊을 절	송나라 송	대 세

삼자경 따라쓰기

莅中國 兼戎狄
이 중 국 겸 융 적
九十年 國祚廢
구 십 년 국 조 폐

원나라는 중원을 통치하였을 뿐 아니라
융과 적까지 제패하여 구십 년을 유지하다가 국운을 다하였다.

莅	中	國	兼	戎	狄	九	十	年	國	祚	廢
다다를 이	가운데 중	나라 국	겸할 겸	오랑캐 융	오랑캐 적	아홉 구	열 십	해 년	나라 국	복 조	폐할 폐

삼자경 따라쓰기

太祖興 國大明
태 조 흥 국 대 명

號洪武 都金陵
호 홍 무 도 금 릉

태조가 일어나 나라 이름을 대명으로 하고
연호를 홍무라 하였으며 수도를 금릉으로 정하였다.

太	祖	興	國	大	明	號	洪	武	都	金	陵
클 태	조상 조	일어날 흥	나라 국	큰 대	밝을 명	부르짖을 호	큰물 홍	굳셀 무	도읍 도	쇠 금	언덕 릉

삼자경 따라쓰기

迨成祖　遷燕京
태 성 조　천 연 경

十七世　至崇禎
십 칠 세　지 승 정

성조에 이르러 연경으로 천도하였으며,
십칠 대가 지나 승정에 이르렀다.

迨	成	祖	遷	燕	京	十	七	世	至	崇	禎
미칠 태	이룰 성	조상 조	옮길 천	제비 연	서울 경	열 십	일곱 칠	대 세	이를 지	높을 숭	상서 정

삼자경 따라쓰기

77

權閹肆 寇如林
권 엄 사 구 여 림

至李闖 神器焚
지 이 름 신 기 분

환관이 권력을 잡고 휘두르자 도적이 들끓었고
틈왕을 이은 이자성이 봉기해 명나라는 소멸하였다.

權	閹	肆	寇	如	林	至	李	闖	神	器	焚
권세 권	내시 엄	방자할 사	도둑 구	같을 여	수풀 림	이를 지	오얏나무 이	엿볼 틈	귀신 신	그릇 기	불사를 분

삼자경 따라쓰기

清太祖 膺景命
청 태 조 응 경 명

靖四方 克大定
정 사 방 극 대 정

청나라의 태조가 하늘의 명을 받들어
사방을 평정하고 국가의 안정을 이루어냈다.

清	太	祖	膺	景	命	靖	四	方	克	大	定
맑을 청	클 태	조상 조	응할 응	경치 경	목숨 명	꾀할 정	넉 사	모 방	이길 극	큰 대	정할 정

삼자경 따라쓰기

廿一史 全在玆
입 일 사　전 재 자
載治亂 知興衰
재 치 란　지 흥 쇠

이십일사* 전체가 여기에 있으니 치란을 싣고 흥쇠를 알렸다.

*이십일사는 고대의 삼황오제 때부터 명나라 때까지 중국의 21정사를 일컫는다.

廿	一	史	全	在	玆	載	治	亂	知	興	衰
스물 입	한 일	사기 사	온전할 전	있을 재	검을 자	실을 재	다스릴 치	어지러울 란	알 지	일어날 흥	쇠할 쇠

삼자경 따라쓰기

讀史者 考實錄
독 사 자 고 실 록
通古今 若親目
통 고 금 약 친 목

사서(史書)를 읽는 자는 실록을 참고하면
고금을 꿰뚫어 통달하여 친히 보는 것과 같다.

讀	史	者	考	實	錄	通	古	今	若	親	目
읽을 독	역사 사	놈 자	상고할 고	열매 실	기록할 록	통할 통	옛 고	이제 금	같을 약	친할 친	눈 목

삼자경 따라쓰기

口而誦 心而維
구 이 송 심 이 유
朝於斯 夕於斯
조 어 사 석 어 사

입으로 외우면서 마음으로 생각하니
아침에도 그렇게 하고 저녁에도 그렇게 한다.

口	而	誦	心	而	維	朝	於	斯	夕	於	斯
입 구	말이을 이	욀 송	마음 심	말이을 이	생각할 유	아침 조	어조사 어	이 사	저녁 석	어조사 어	이 사

삼자경 따라쓰기

82

昔仲尼 師項橐
석 중 니　사 항 탁
古聖賢 尚勤學
고 성 현　상 근 학

옛날에 중니(공자)가 항탁을 스승으로 삼은 것처럼
옛 성현들은 부지런히 배우기에 힘썼다.

昔	仲	尼	師	項	橐	古	聖	賢	尚	勤	學
옛 석	버금 중	중 니	스승 사	목덜미 항	전대 탁	옛 고	성스러울 성	어질 현	오히려 상	부지런할 근	배울 학

삼자경 따라쓰기

趙中令 讀魯論
조 중 령 독 노 론

彼旣仕 學且勤
피 기 사 학 차 근

조중령이 논어를 읽은 것처럼
이미 벼슬을 했음에도 배움에 부지런하였다.

趙	中	令	讀	魯	論	彼	旣	仕	學	且	勤
나라 조	가운데 중	하여금 령	읽을 독	노둔할 노	말할 론	저 피	이미 기	벼슬할 사	배울 학	버금 차	부지런할 근

삼자경 따라쓰기

84

披蒲編 削竹簡
피 포 편　　삭 죽 간
彼無書 且知勉
피 무 서　　차 지 면

부들을 갈라 엮고 대나무를 깎아 글을 써
저들은 책이 없어도 힘써 공부할 줄 알았다.

披	蒲	編	削	竹	簡	彼	無	書	且	知	勉
헤칠 피	부들 포	엮을 편	깍을 삭	대 죽	편지 간	저 피	없을 무	글 서	버금 차	알 지	힘쓸 면

삼자경 따라쓰기

頭懸梁 錐刺股
두 현 량 추 자 고

彼不敎 自勤苦
피 불 교 자 근 고

머리카락을 대들보에 매달고 송곳으로 허벅지를 찔러
저들은 가르치지 않았음에도 스스로 배움에 힘썼다.

頭	懸	梁	錐	刺	股	彼	不	敎	自	勤	苦
머리 두	매달 현	대들보 량	송곳 추	찌를 자	넓적다리 고	저 피	아닐 불	가르칠 교	스스로 자	부지런할 근	괴로울 고

삼자경 따라쓰기

如囊螢 如映雪
여 낭 형 여 영 설
家雖貧 學不輟
가 수 빈 학 불 철

반딧불이를 주머니에 넣은 이와 눈에 비추어 본 이는
비록 집이 가난해도 배우기를 그치지 않았다.

如	囊	螢	如	映	雪	家	雖	貧	學	不	輟
같을 여	주머니 낭	개똥벌레 형	같을 여	비칠 영	눈 설	집 가	비록 수	가난할 빈	배울 학	아닐 불	꿰멜 철

삼자경 따라쓰기

如負薪 如挂角
여 부 신　여 괘 각

身雖勞 猶苦卓
신 수 로　유 고 탁

땔나무를 짊어지고 한 것 같이 뿔에 책을 건 것과 같이 공부했으니
몸은 비록 고단했으나 오히려 고생한 끝에 뛰어난 사람이 되었다.

如	負	薪	如	挂	角	身	雖	勞	猶	苦	卓
같을 여	짐 질 부	섶나무 신	같을 여	걸 괘	뿔 각	몸 신	비록 수	일할 로(노)	오히려 유	괴로울 고	높을 탁

삼자경 따라쓰기

蘇老泉 二十七
소 로 천 이 십 칠
始發憤 讀書籍
시 발 분 독 서 적

소로천은 스물일곱 살에 비로소 분발하여 서적을 읽었다.

蘇	老	泉	二	十	七	始	發	憤	讀	書	籍
깨어날 소	늙을 로	샘 천	두 이	열 십	일곱 칠	비로소 시	쏠 발	떨칠 분	읽을 독	글 서	서적 적

삼자경 따라쓰기

彼旣老 猶悔遲
피 기 로   유 회 지

爾小生 宜早思
이 소 생   의 조 사

저 사람은 이미 늙었음에도 오히려 늦은 것을 뉘우쳤으니
어린 학생들은 마땅히 일찍 공부해야 한다.

彼	旣	老	猶	悔	遲	爾	小	生	宜	早	思
저 피	이미 기	늙을 로	오히려 유	뉘우칠 회	더딜 지	너 이	작을 소	낳을 생	마땅할 의	일찍 조	생각할 사

삼자경 따라쓰기

若梁灝 八十二
약 양 호 팔 십 이
對大廷 魁多士
대 대 정 괴 다 사

양호 같은 이는 여든두 살에 대정에서 대책(對策)을 하였는데
많은 선비들 중에서 으뜸이었다.

若	梁	灝	八	十	二	對	大	廷	魁	多	士
같을 약	대들보 양	넓을 호	여덟 팔	열 십	두 이	대답할 대	큰 대	조정 정	으뜸 괴	많을 다	선비 사

삼자경 따라쓰기

彼旣成 衆稱異
피 기 성　　중 칭 이

爾小生 宜立志
이 소 생　　의 립 지

저 사람은 이미 성취했음에도 여러 사람들이 남다르다고 일컬었으니
어린 학생들은 마땅히 뜻을 세워야 한다.

彼	旣	成	衆	稱	異	爾	小	生	宜	立	志
저 피	이미 기	이룰 성	무리 중	저울대 칭	다를 이	너 이	작을 소	날 생	마땅할 의	설 립	뜻 지

삼자경 따라쓰기

瑩八歲 能咏詩
영 팔 세 능 영 시

泌七歲 能賦棋
필 칠 세 능 부 기

조영(祖瑩)은 여덟 살에 능히 시경(詩經)을 읊을 수 있었고
이필(李泌)은 일곱 살에 능히 바둑에 관한 부(賦)를 지을 수 있었다.

瑩	八	歲	能	咏	詩	泌	七	歲	能	賦	棋
밝을 영	여덟 팔	해 세	능할 능	읊을 영	시 시	샘물 흐르는 모양 필	일곱 칠	해 세	능할 능	구실 부	바둑 기

삼자경 따라쓰기

彼穎悟 人稱奇
피 영 오 인 칭 기

爾幼學 當效之
이 유 학 당 효 지

저들은 극히 총명하여 사람들이 기재라 일컬었으니
너희 어린 학생들은 마땅히 저들을 본받아야 한다.

彼	穎	悟	人	稱	奇	爾	幼	學	當	效	之
저 피	빼어날 영	깨달음 오	사람 인	저울대 칭	기이할 기	너 이	어릴 유	배울 학	마땅할 당	본받을 효	갈 지

삼자경 따라쓰기

94

蔡文姬 能辨琴
채 문 희 능 변 금

謝道韞 能咏吟
사 도 온 능 영 음

채문희는 능히 거문고 소리를 분별하였고
사도온은 능히 시를 짓고 음송할 줄 알았다.

蔡	文	姬	能	辨	琴	謝	道	韞	能	咏	吟
거북 채	글월 문	아가씨 희	능할 능	분별할 변	거문고 금	사례할 사	길 도	감출 온	능할 능	읊을 영	읊을 음

삼자경 따라쓰기

95

彼女子 且聰敏
피　녀　자　　차　총　민
爾男子 當自警
이　남　자　　당　자　경

저들은 여자이나 총명하고 명민하였다.
너희 남자들도 마땅히 스스로 경계할 줄 알아야 한다.

彼	女	子	且	聰	敏	爾	男	子	當	自	警
저 피	여자 녀	아들 자	버금 차	귀밝을 총	민첩할 민	너 이	사내 남	아들 자	마땅할 당	스스로 자	경계할 경

삼자경 따라쓰기

96

唐劉晏 方七歲
당 유 안 방 칠 세
擧神童 作正字
거 신 동 작 정 자

당나라의 유안은 바야흐로 일곱 살에 신동으로 등용되어
정자 벼슬을 받았다.

唐	劉	晏	方	七	歲	擧	神	童	作	正	字
당나라 당	성 유	늦을 안	모 방	일곱 칠	해 세	들 거	귀신 신	아이 동	지을 작	바를 정	글자 자

삼자경 따라쓰기

彼雖幼 身已仕
피 수 유 신 이 사

爾幼學 勉而致
이 유 학 면 이 치

有爲者 亦若是
유 위 자 역 약 시

그는 비록 어렸으나 관직에 나아갔으니
너희 어린 학생들도 배움에 힘쓰면 유안과 같은 경지에 이를 것이다.
이처럼 행하는 사람은 또한 이와 같이 될 것이다.

彼	雖	幼	身	已	仕	爾	幼	學	勉	而	致
저 피	비록 수	어릴 유	몸 신	이미 이	벼슬할 사	너 이	어릴 유	배울 학	힘쓸 면	말 이을 이	이를 치

有	爲	者	亦	若	是						
있을 유	할 위	놈 자	또 역	같을 약	바를 시						

삼자경 따라쓰기

犬守夜 雞司晨
견 수 야 계 사 신
苟不學 曷爲人
구 불 학 갈 위 인

개는 밤에 집을 지키고 닭은 새벽을 알린다.
진실로 배우지 아니하면 어찌 사람이라 할 수 있겠는가.

犬	守	夜	雞	司	晨	苟	不	學	曷	爲	人
개 견	지킬 수	밤 야	닭 계	맡을 사	새벽 신	진실로 구	아닐 불	배울 학	어찌 갈	할 위	사람 인

삼자경 따라쓰기

蠶吐絲 蜂釀蜜
잠 토 사 봉 양 밀

人不學 不如物
인 불 학 불 여 물

누에는 실을 뽑고 벌은 꿀을 만든다.
사람이 배우지 아니하면 미물만도 못하다.

蠶	吐	絲	蜂	釀	蜜	人	不	學	不	如	物
누에 잠	토할 토	실 사	벌 봉	빚을 양	꿀 밀	사람 인	아닐 불	배울 학	아닐 불	같을 여	만물 물

삼자경 따라쓰기

100

幼而學 壯而行
유 이 학 장 이 행

上致君 下澤民
상 치 군 하 택 민

어려서 배우고 자라서는 실천하여 위로는 임금께 극진하고
아래로는 백성을 윤택하게 한다.

幼	而	學	壯	而	行	上	致	君	下	澤	民
어릴 유	말이을 이	배울 학	장할 장	말이을 이	다닐 행	위 상	이를 치	임금 군	아래 하	가릴 택	백성 민

삼자경 따라쓰기

揚名聲 顯父母
양 명 성 현 부 모

光於前 裕於後
광 어 전 유 어 후

명성을 드날리고 부모를 드러내
선대에게 광영이 되고 후대가 넉넉하다.

揚	名	聲	顯	父	母	光	於	前	裕	於	後
날릴 양	이름 명	소리 성	나타날 현	아비 부	어미 모	빛 광	어조사 어	앞 전	넉넉할 유	어조사 어	뒤 후

삼자경 따라쓰기

人遺子 金滿籯
인 유 자 금 만 영

我教子 惟一經
아 교 자 유 일 경

어떤 사람은 자식에게 광주리 가득 금을 남긴다 해도
나는 자식을 가르칠 오직 한 권의 경만 물려주노라.

人	遺	子	金	滿	籯	我	教	子	惟	一	經
사람 인	끼칠 유	아들 자	쇠 금	찰 만	광주리 영	나 아	가르칠 교	아들 자	생각할 유	한 일	지날 경

삼자경 따라쓰기

勤有功 戲無益
근 유 공 희 무 익

戒之哉 宜勉力
계 지 재 의 면 력

부지런히 공부하면 공을 이루고 놀면 유익함이 없으니
이를 경계하여 마땅히 힘써 노력하라.

勤	有	功	戲	無	益	戒	之	哉	宜	勉	力
부지런할 근	있을 유	공 공	놀 희	없을 무	더할 익	경계할 계	갈 지	어조사 재	마땅할 의	힘쓸 면	힘 력

삼자경 따라쓰기